FÜR ALLE BUNTEN VÖGEL

WWW.BELTZ.DE

WWW.BALTSCHEIT.DE

IN DER VERLAGSGRUPPE BELTZ · WEINHEIM BASEL

WERDERSTRASSE 10 / 69469 WEINHEIM

NEUE RECHTSCHREIBUNG

TEXT, ILLUSTRATION UND GESTALTUNG:

MARTIN BALTSCHEIT

COLORIERUNG KOLIBRIS: TINE SCHWARZ

LEKTORAT: KATRIN HARTMANN

DRUCK: BELTZ BAD LANGENSALZA GMBH, BAD LANGENSALZA

ISBN 978-3-407-82183-6

1 2 3 4 5 19 18 17 16 15

Grüne Bande

von

Martin Baltscheit

BELTZ & Gelberg

EINE GRÜNE VOGELBANDE FLIEGT DURCH UNSERE STADT.

SIE ENTKAMEN AM FLUGHAFEN.

B-9000

AUS EINEM KÄFIG,
DEN MAN AUF DER ANDEREN
SEITE DER WELT
VERLADEN HAT.

JETZT FLIEGEN
GEFLOHENE GEFANGENE
DURCH ALLEEN, DIE FRÜHER
DEN TAUBEN GEHÖRTEN.

ICH STELLE MIR VOR, SIE HÄTTEN **AFFEN** VERLADEN.

ODER SCHLANGEN.

GAVIALE.

KOLIBRIS!

ODER **GABELSCHWANZSEEKÜHE.**

ICH STELLE MIR VOR, SIE WÄREN IN EIN ANDERES FLUGZEUG VERLADEN WORDEN.

MANCHMAL STELLE ICH MIR AUCH VOR,

SIE STECKTEN MICH IN EINEN KÄFIG.

UND SCHICKTEN MICH FORT.

ICH WÜRDE AUCH FLIEHEN. UND WÄRE FROH …

... ÜBER EINEN PLATZ IN DEN BÄUMEN ...

… UNTER

PAPAGEIEN.